내 몸, 과연 내가 그 **주체일까?**

한 입 크기 철학 6

내 몸, 과연 내가 그 주체일까?

초판 인쇄 2022년 4월 05일
초판 발행 2022년 4월 10일

지은이 클레르 마랭
그린이 알프레드
옮긴이 이수진
펴낸이 조승식
펴낸곳 돌배나무
공급처 북스힐
등록 제2019-000003호
주소 01043 서울시 강북구 한천로 153길 17
홈페이지 www.bookshill.com
이메일 bookshill@bookshill.com
전화 (02) 994-0071
팩스 (02) 994-0073

정가 9,000원
ISBN 979-11-90855-27-3
ISBN 979-11-90855-25-9(세트)

* 잘못된 책은 구입하신 서점에서 바꿔 드립니다.

Mon corps est-il bien à moi?

Claire Marin

Dessins d'Alfred

클레르 마랭 & 알프레드

내 몸, 과연 내가 그 주체일까?

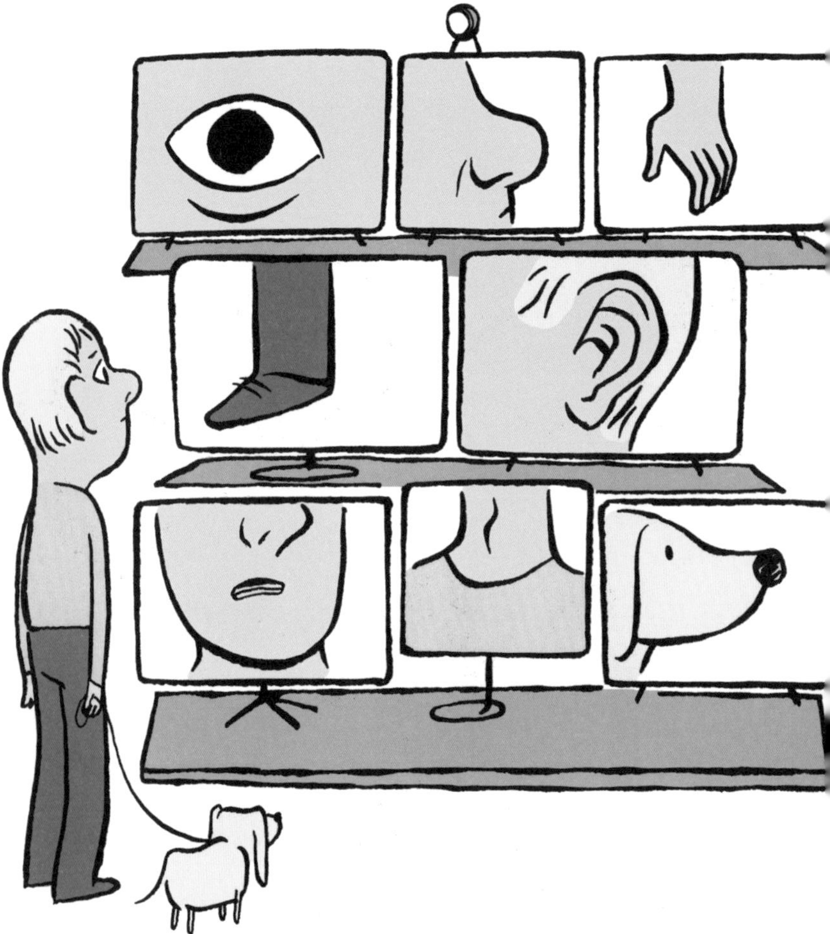

내 몸은 정말 내 것일까?

형이상학에 관한 그의 첫 번째 저서이자, 진실에 도달하고 지식을 형성하는 방법에 대한 자문을 담은 《제1철학에 관한 성찰》에서 데카르트Descartes는 감각적 확신에 의문을 제기했다. 누구나 한 번쯤은 감각적 착각을 경험한 적이 있을 것이다. 예를 들자면 착시현상을 실제로 착각하는 경험 말이다. 이처럼 우리의 감각은 착시를 불러일으키는 원인이지만 의심하기 어려운 감각적 경험도 존재한다. "여기 이 두 손과 이 몸이 내 것이라는 사실을 어떻게 부정할 수 있단 말인가?" 데카르트는 내 몸의 실재성에 관해 착각하는 것은 미치광이나 비상식적인 사람들뿐이라고 주장했다. 데카르트에게 그런 사람들은 "옷을 입지 않았거나 유리로 된 몸을 지니고 있으면서 자신이 황금색이나 자주색 옷을 입었다고 생각하는" 이들이다. 그러나 때때로 잘못된 자세로 인해 혈액 순환이 차단되어 피가 통하지 않을 때 내 손이 마치 타인의 몸처럼 느껴질 때가 있지 않은가? 그럴 때면 내 손이나 팔이 분명히 내 몸에 붙어 있는데도 불구하고 마치 인공 보철물처럼 감각이 느껴지지 않는다. 오늘날 병원에서 흔히 사용하는 마취제도 이와 같은 이상한 경험을 가능하게 한다. 치과에서 사랑니를 발치하기 위해 몇 시간 동안 턱을 마취하면 평소처럼 발음하는 것이 어려워진다. 말이 느려지고, 마취약에 의해 움직이지 않는 턱 때문에 평소와는 다른 표정을 짓게 된다. 그 모습이 너무나 이상하게 느껴지고, 꼭 내가 아닌 것만 같다. 실제로 평소에는 내게 무척이나 익숙한 내 몸이 더는 내 모든 동작을 군말 없이 수행하지 않고, 의지에 고분고분 따르지 않고, 감정을 투영하는 외면이 아니게 될 때는 무수히 많다. 장 폴 사르트르Jean-Paul Sartre의 작품 《구토》도 이와 비슷한 '이상함'을 다루고 있다. 자신의 손을 거리를 두고 관찰하던 주인공 앙투안 로캉탱은 거기서 괴상한 동물을 발견한다. "그것은 등을 대고 누워 있다. 내게 뚱뚱한 배를 보이고 있다. 마치 뒤집어진 짐승 같다. 내 손가락은 짐승의 팔다리다. (중략) 내 팔 끝에서 요동치고 있는 이 두 짐승은 곧 나다."

내 몸이 자라서, 살이 찌거나 빠져서, 사춘기나 질병, 사고 또는 노화가 몸의 변화나 변형을 일으키면 내 몸은 내 것이 아닌 것처럼 낯설게 느껴지고 내가 알던 모습을 더는 찾아볼 수 없다. 그렇다면 이렇게 변한 내 몸을 여전히 내 것이라고 말할 수 있을까? 무엇이 내 몸을 동료로 만들거나 적으로 만드는 것일까?

내 몸을 내가
통제할 수 있을까?

내 몸이 나의 것이라는 말속에는 내가 내 몸을 사용하고 통제한다는 의미가 담겨 있다. 내 몸을 어떻게 사용할지는 내가 결정한다는 것이다. 하지만 이 생각은 어느 정도는 착각이다. 내가 내 몸의 기능을 완전히 통제하지 못하기 때문이다. 나는 배고픔이나 갈증, 고통을 느끼지 못하게 막을 수 없다. 운동선수처럼 잠을 더 적게 자거나, 음식을 더 적게 먹는 버릇을 들이거나, 고통에 맞서 일종의 인내력을 기를 수는 있다. 하지만 우리의 몸은 고유한 리듬과 불확실성의 영향을 받는다. 이런 의미에서 몸은 내게 우연하고 나의 고유한 의지에 반하는 경험을 선사한다. 다시 말해 내 몸은 온전히 내 마음대로 움직여 주지 않을 때가 많고, 나를 제약하고 제한하며, 법칙을 부여하고 착각을 하게 만든다.

고대 철학은 인간의 몸이 가진 비인간적 측면으로부터 인간을 자유롭게 하기 위해 노력했다. 플라톤Platon은 그의 대표작 《파이돈》에서 몸이 인간에게 강요한 것으로부터 해방된 삶을 그리고 있다. 그리고 그러한 삶 속에서 우리는 사유활동에만 몰두할 수 있다고 말한다. "몸은 영양분을 반드시 공급해 주어야 하기 때문에 늘 우리를 분주하게 만든다.

게다가 질병이라도 발병하는 날에는 우리가 추구하는 것에 너무도 큰 장애가 된다. 욕망, 식욕, 두려움, 모든 종류의 허상과 같은 것들이 몸을 너무도 가득 채우고 있는 나머지 우리가 어느 것에 대해서도 사유하지 못하게 만든다. (중략) 우리가 우리 스스로 그것의 본성에 오염되지 않도록 하고, 그것으로부터 정화될 때 (중략) 우리는 몸이라는 비이성적인 것에서 분리되고, 비로소 순수해질 것이다."

플라톤은 사랑을 진리 추구와 지혜로부터 분리해야 한다는 분리의 원칙을 고수했다. 인간이 진정으로 자기 자신에게 몰두할 수 있으려면 반드시 몸으로부터 해방되어야만 하고, 가능한 한 감각적 세계에서 분리되어야 한다는 것이다. 바로 이런 의미에서 우리는 죽음을 두려워할 필요가 없다. 소크라테스Socrate가 말했듯이 죽음이야말로 몸과 영혼을 최종적으로 분리하고, 물질적인 억압으로부터 영혼을 해방시키기 때문이다.

이러한 몸에 대한 부정적 개념(플라톤은 '몸은 영혼의 무덤'이라고 주장했다)과 몸과 영혼을 분리하려 한 심신 이원론은 오랫동안 서양의 사상을 지배해 왔다. 스토아학파 철학, 아우구스티누스Saint Augustin와 같은 기독교 철학 그리고 데카르트 윤리학까지도 영혼과 몸의 수련(그리스어 askesis

"내 몸의 전체가 곧 나다.
영혼은 몸의 일부분을
가리키는 말에
지나지 않는다."

프리드리히 니체
Friedrich Nietzsche

는 '수련, 고행'을 뜻한다)을 권장하는 금욕주의ascétisme 철학을 전개했다. 철학자 피에르 아도Pierre Hadot가 말했듯이 인간은 몸의 표현을 이끌고, 몸이 "고통에 무디게 하고, 능동성을 갖게" 만들고, "영혼을 강화하고", 영혼을 "대담하고 절도 있게" 만들어야 한다. 흔히 몸과 영혼의 관계는 전투나 전쟁 모델에 빗대어 사유되곤 한다. 영혼에게 있어서 몸은 적이자 굴복시켜야 하는 대상이다. 그렇기에 몸이 가진 힘과 지나친 정념에 대항하여 영혼은 단호함과 인내를 내세워야 한다는 것이다.

하지만 몸은 단지 억압과 의존의 근원일 뿐일까? 그렇기에 매일 시험해야 하는 대상일까? 피부에 닿는 햇볕을 느끼고, 긴 운동 후 마시는 음료 한 잔이 주는 시원함을 즐기고, 달리고 헤엄치고 춤을 추거나 단순히 잠을 자는 등 내 몸이 주는 일상의 소소한 기쁨이 내 삶을 즐겁게 하는데 말이다. 이런 기분 좋은 감각들을 일시적으로나마 빼앗긴다면 나는 불행해지지 않을까? 에피쿠로스학파 철학자들은 몸을 경시하는 사람들에게 자연스럽고 단순한 기쁨은 인간의 행복에 기여한다고 말할 것이다. 로마의 철학자이자 시인인 루크레티우스Lucrèce는 그의 저서 《사물의 본성에 관하여》에서 강가의 풀 위, 커다란 나무 그늘 아래에서 친구들과 가지는 가벼

운 식사보다 더 좋은 것은 없다고 말했다. 육체적인 기쁨은 곧 인간의 행복을 이루는 조건이다. 내가 굶주리거나 피로하거나 상처로 고통을 느낀다면 결코 행복할 수 없다. 스토아학파 철학자들이 주장하는 것처럼 몸을 단지 사물로만 여길 수는 없다.

몸은 다스리거나 다듬어야 할 대상도 아니고, 길들여야 할 야생의 짐승도 아니다. 나 자신으로부터 분리해야 할, 저 멀리 동떨어진 현실도 결코 아니다. 내 몸은 나와 긴밀하게 연결되어 있으며 오로지 나의 것이고, 곧 나 자신이다. 스피노자Spinoza가 데카르트에게 답했던 것처럼 나 자신을 오로지 내 양심이나 내 행동으로 축소할 수도 없으며, 나는 내 몸이자 내 몸이 해낼 수 있는 모든 것이다. 예를 들어 재채기나 딸꾹질을 하는 것을 막을 수 없는 것처럼 나는 이러한 몸의 힘이 내 의지에 반해 작용하거나 이러한 힘이 내 생명의 원동력임을 부정할 수 없다. 스피노자가 《에티카》에서 말한 것처럼 그것은 주체의 모든 활기를 지탱하는 근원적인 생명력이자 "계속 존재하려는 욕망(코나투스)"이기 때문이다.

심지어 어떤 철학자들은 몸 없는 주체는 없으며, 우리 인간은 하나의 의식이기 전에 하나의 몸이라고 주장한다. 몸을 통해 우리는 타자 그리고 세계와 관계를 맺는다. 몸은 마

치 탯줄처럼 우리를 인식 대상, 나아가서는 사유의 대상이 되는 존재들과 연결해 준다. 철학자 모리스 메를로 퐁티 Maurice Merleau-Ponty는 다음과 같이 말했다. "심장이 신체에 속해 있듯, 우리의 몸은 세계에 속해 있다." 몸을 통해 우리는 외부 현실에 접근하고 그것을 지각할 수 있다. 여기서 몸은 세계에 우리를 고정하는 닻과 같다. 하지만 세계에 닻을 내리는 과정은 때로는 감옥처럼 답답하게 느껴질 수도 있다. 우리는 세계로부터 "빠져나올" 수 없고, 세계와 나를 분리할 수도 없다. 철학자 미셸 푸코Michel Foucault는 "내 몸, 이 가차 없는 장소topie impitoyable"라고 말했다. 다시 말해 내 몸은 내가 그로부터 벗어날 수 없는 장소(topie는 그리스어로 '장소'를 뜻하는 topos에서 유래했다)라는 것이다. 나는 떼려야 뗄 수 없고, 벗어던질 수도 없는 이 몸에 속하도록 운명지어졌다. 그리고 그 사실은 때때로 고통을 준다.

거울 속에 비친 게 정말 나일까?

주체가 거울에 비친 자신의 모습과 대면하는 것을 가리키는 거울 경험은 항상 즐겁지만은 않다. 슬프지만 때로는 거울 속 나를 바라보는 것이 실망의 연속이고, 심지어 정신적인 고통이 되기도 한다. '내부적 자아'와 너무도 다른 외면 속에 갇힌 고통을 말한다. 단지 외면이 추해서가 아니라 내적으로는 다양하고 변화무쌍하지만, 외면은 부족하고 변함이 없어 괴리가 생기기 때문이다.

1949년 정신분석학자 자크 라캉Jacques Lacan은 한 강연에서 지그문트 프로이트Sigmund Freud가 제시한 아동의 여러 발달 단계에 거울 단계를 추가했다. 거울 단계란 아동이 거울에 비친 자신의 모습을 인식하는 것을 말한다. 아동이 이 단계에서 매우 큰 기쁨을 느끼는 것은 자신에 대한 분할적인 지각(나는 내 손, 발, 배를 내려다볼 수 있지만 내 모습 전부를 보진 못한다)에서 거울에 비친 나 자신의 통합적인 모습의 지각으로 이동하는 단계이기 때문이다. 라캉에 의하면 이는 아동의 정신적 성숙이 이루어지는 단계로, 아동은 비로소 자신이 가시적인 존재라는 사실과 자기 자신뿐 아니라 타인에게 시각의 대상이 된다는 사실을 인식한다는 것이다.

메를로 퐁티는 아동이 타자와 맺는 관계에 대한 강의에서 이를 재론했다. "거울 속에서 자신의 얼굴을 인식한다는 것은 아동이 그 속에서 자기 자신을 관찰할 수 있다는 사실을 배우는 것이다." 하지만 이러한 발견이 꼭 기쁜 것만은 아니다. 나 자신에 대해 더 잘 알게 해주기도 하지만, 나라는 존재가 타인에게도 그러한 이미지로 축소된다는 사실을 인식하게 해주기 때문이다. 타인에게 나라는 존재는 다만 내 겉모습만으로 인식되고, 내 정체성은 내 겉모습과 긴밀하게 연관된다. "거울에 비친 자기 자신의 모습은 자기 인식을 가능하게 하는 동시에, 일종의 자기 소외를 가능하게 한다. 이제 나는 내가 즉각적으로 느끼는 대로 존재하는 게 아니라 거울이 비춰주는 모습으로만 존재하게 된다."

나는 내 것이라기보다는 타인의 것인 내 이미지에 의해 나 자신의 일부를 빼앗긴다. 타인은 나조차도 때때로 알아보지 못하고, 매일 아침 나를 실망하게 만드는 몸이나 얼굴을 한 이 모습을 나로 인식한다. 그리고 그것의 추함이나 평범함이 내게 고통을 준다. 이렇듯 나 자신과 '일치하지' 않는 내 몸과 어떻게 함께 살아가야 하는 것일까?

미셸 푸코는 1966년 라디오 프로그램 특강 〈유토피아적인 몸Le Corps utopique〉에서 진솔하고 자조적인 어조로 그가 자기 자신을 좋아하지 않는다고 고백했다. "매일 아침 여전히 나는 똑같은 상처를 지닌 똑같은 존재입니다. 눈앞 거울에 피할 수 없는 이미지가 나타나죠. 야윈 얼굴, 구부정한 어깨, 근시의 눈, 듬성듬성한 머리카락, 정말이지 못생겼습니다. 나 자신을 둘러싸고 있는 추한 껍데기, 내가 좋아하지도 않는 이 철창 속에서 나를 보여주며 돌아다녀야 합니다. 그리고 이 철창을 통해 이야기하고, 바라보고, 타인의 시선을 받아내야 합니다." 그리고 푸코는 사람들이 왜 그렇게나 이러한 몸을 지우고 싶어 했는지 이해할 수 있다고 말했다. 사람들은 몸이 가진 예측 불가능한 물질성과 우연성을 강요하지 않고, 동화나 신화에서나 등장할 법한 "아름답고, 맑고, 투명하고, 빛나는" '형체 없는 몸'을 꿈꾼다. 이러한 몸은 중력을 거스르고, 기적처럼 스스로 치료할 수 있는 눈에 보이지 않는 '무형의' 몸이다. 이처럼 전통적인 서양 철학은 강제성을 가지고 있으며 우리에게 그것을 부정하게 만들고, 우리가 마치 단순히 정신만으로 구성되었다는 듯 행동하게 만드는 이러한 몸을 지워버리길 원했다.

그러나 이와 동시에 푸코는 우리에게 묘책을 알려준다. 그의 동영상 몇 편을 시청하는 것을 통해 우리에게 실망스럽게 느껴지는 몸의 물질성을 초월하는 방법을 배울 수 있다. 그 방법은 바로 자신의 몸에 자신의 존재를 스며들게 하고 카리스마를 부여할 힘을 불어넣는 것이다. 또 누구도 모방할 수 없고, 즉각 알아볼 수 있는 자신만의 스타일을 부여하고 자신만의 표식을 새겨 넣으면 된다.

사람들은 왜
사랑을 나눌까?

마지막으로 내 몸과 화해하고, 내 몸을 마음껏 살아낼 수 있는 또 다른 방법이 존재한다. 푸코는 그것이 바로 우리가 사랑을 나누면서 추구하는 것이라고 말한다. "사랑을 나누는 것은 자신을 되찾은 자신의 몸을 느끼는 것이다. 그리고 그와 동시에 유토피아의 완전한 바깥에서 자기 밀도를 온전히 가지고 타인의 손안에 존재하는 것이다. 몸 위를 가로지르는 타인의 손가락 아래에서 보이지 않는 몸의 모든 부분이 존재하기 시작하고, 타인의 입술에 대응해서 당신의 것들은 비로소 지각된다. (중략) 사랑 안에서 몸이 '여기에' 있기 때문이다."

성이 주는 기쁨은 자신의 살, 신체성, 그리고 두께를 모두 살아냈을 때의 기쁨을 말한다. 성은 거울 단계에서 느낄 수 있는 것과 비슷한 기쁨을 경험하게 한다. 성을 통해 나는 내 몸의 전체에 접근할 수 있는데, 여기에서의 전체는 육체적 이미지 속 표면에 접근하는 것뿐만 아니라 살의 밀도 속, 감각 깊은 곳으로의 접근을 말한다. 성을 통해 비로소 나는 진정으로 내 몸을 알게 되는데, 여기에는 푸코가 말한 "보이지 않는 부분"도 포함된다.

반면에 사상가 조르주 바타유Georges Bataille의 견해를 따라 에로티시즘과 성의 비밀은 고고학적인 것에 가까운 몸에 관한 발견이 아니라 몸의 한계를 날려버리고자 하는 욕망에 있다고 주장할 수도 있다. 바타유는 우리가 "두 존재가 서로 섞이게 되는 융합"을 지향하기 위해 각자의 육체적 제약의 소실과 '해체'를 열망한다고 보았다. 벌거벗는다는 것은 이미 이러한 의미에서 첫 번째 '상실'이자 타인에게 "자기 자신을 여는" 첫 번째 방법이다. 그리고 에로티시즘은 성적 놀이 속에서 평소에는 '닫혀 있던' 각자의 모든 것을 허무는 것을 목표로 한다. 이렇듯 주체의 경계를 해체하는 것은 우리가 타인과 뒤섞여 존재하던 생애 초반에 대한 향수이자, "잃어버린 연속성에 대한 향수"에 상응한다. 따라서 성이란 "불가능함에 대한 추구"이고, 성적인 기쁨의 강렬함은 "두 존재의 경이로운 연속성"이 주는 덧없는 쾌락에 기인한다.

이 증상들은
무엇을 의미하는 것일까?

하지만 이러한 육체적 상실의 경험이 언제나 나의 동의하에 일어나는 것은 아니다. 때로는 내 몸이 나를 배반하고, 내가 나에 관해 이야기하고 싶지 않거나 그다지 알고 싶지 않았을 것들을 말해 주기도 한다. 또 내 의지와 상관없이 몸에 표식이 새겨지기도 한다. 내 몸은 내 정신이 투영되는 무의식적인 스크린이 될 수도 있고, 육체적 고통 속에서 마침내 자신을 드러낼 방법을 찾은 깊고

억눌린 고통의 표현 장소가 되기도 한다. 시험을 앞두고 배나 머리가 아플 때, 스트레스로 숨이 잘 쉬어지지 않고, 발표해야 하는 순간에 목소리가 나오지 않는 등 우리는 이러한 경험을 종종 겪는다.

프로이트에 의하면 몇몇 환자들이 실제의 병을 발전시키기도 했고, 정신적 고통이 신체적 마비나 고통으로 전환되기도 했다. 몸은 우리가 가진 무의식적인 긴장을 드러내는데, 프로이트는 이를 '신체화somatisation'라고 했다(그리스어로 soma는 몸을 말한다). 거식증이나 폭식증과 같이 식이에 관련한 질병은 정신 현상의 힘을 보여줌과 동시에 환자의 의지를 벗어난 비정상적 논리에 사로잡힌 몸을 다시 자신의 것으로 되돌리기가 얼마나 어려운지를 보여준다.

프로이트의 뒤를 이은 정신분석학자 디디에 앙지외Didier Anzieu는 경계를 상실한 환자들에 관심을 가졌다. 여기서 말하는 경계 상실이란 자기 자신에게 속한 것과 타인에게 속한 것을 확연히 구별할 줄 모르는 사람들을 말한다(《피부-자아》). 이들은 "자신의 삶을 살고 있지 않다는 감정"을 가지고 있으며, 마치 관객의 입장처럼 자기 자신을 외부에서 바라본다. "나와 바깥의 경계를 구분 짓는 경계면"이자, "타인과 맺은 관계의 흔적이 새겨지는 표면"인 피부는 이러한

"몸뚱이, 이곳에서의
네 위상은 무엇인가? 방해꾼인가,
오줌싸개인가, 깨진 파편인가?
(중략) 어찌나 널
조각내버리고 싶은지!"

앙리 미쇼
Henri Michaux

거북한 감정을 드러내는 매개체가 된다. 폴 발레리Paul Valéry는 "인간에게 있어서 가장 깊은 것은 피부"라고 말했다. 내가 원하지 않는데도 불구하고 내 안에 감추고 싶은 모든 것은 내 몸에 새겨진다.

내 몸이 나에 대해 말해 주는 것은 무엇일까?

내 몸은 내 무의식을 밖으로 드러내기도 하지만, 그와 동시에 그 밖의 의식적이거나 내재한 외부적 영향이 내 몸에 새겨지기도 한다. 내 몸에 새겨지는 것은 오로지 나만의 흔적이 아니라 나 이전의 타인들이 새겨둔 흔적도 있다. 내 가족과 내 주위 환경이 마치 정체성의 공간처럼 내 몸을 둘러싸고 있기 때문이다.

물론 내 몸은 나만의 개성처럼 나를 식별할 수 있게 하는 총체적인 특징을 드러낸다. 짙은 눈썹, 커다란 두 귀, 곱슬머리, 커다란 발이나 짧은 다리 등과 같은 특징은 유년 시절 사진 속에서 단박에 나를 알아보게 만드는 것들이다. 반면에 다른 사람들과 공유하는 신체적 특징들 또한 나를 특정한 분류체계에 속하게 만든다. 예를 들어 여성이나 남성의 몸, 젊거나 나이 든 몸, 피부색, 건강 상태 등이 바로 그것이다. 또한 몸은 내가 속한 사회(노동자, 농부, 지식인 등)나 문화에 대해서 말해 주기도 한다. 타투, 할례, 난절(자발적으로 낸 작은 상처들), 보디페인팅, 의복, 장신구, 헤어스타일, 수염 혹은 몸의 털을 깎거나 뽑는 것은 내가 속한 사회나 공동체를 나타내는 지표가 된다. 인류학자 클로드 레비스트로스Claude Lévi-Strauss는 그의 저서 《슬픈 열대》에서 한 아마존 부족의 원주민인 카두베오Caduveo족이 얼굴, 그중에서도 특히 입 주변에 타투를 새기면서 문화적 소속을 나타내는 방식을 묘사했다.

마지막으로 내 몸은 나의 고유한 역사에 대해서도 말해준다. 임신한 여성이나 운동선수의 몸, 마약 중독자나 암 환자의 몸, 병사, 폭행당한 여성 혹은 학대당한 아동의 훼손된 몸이 바로 그것이다.

이러한 특징들은 나의 정체성, 사회에서 내가 차지하는 위치, 내가 속한 시대의 영향을 표현하거나 내 의지와 상관없이 드러낸다. 내가 원하든 원치 않든, 내가 선택한 것이든 요구되거나 강요된 것이든 간에 내 몸은 내 정체성을 구성하는 요소들을 눈에 보이는 다양한 특징을 통해 드러내 보인다. 내 몸은 내가 어떤 사람인지도 표현하지만 그것은 때로 다른 사람들이 내게 강요한 모습이기도 하다. 바로 이런 이유로 나는 이 모습을 내 것으로 인지하기도 하고, 낯설게 인지하기도 한다.

사회학자 피에르 부르디외Pierre Bourdieu는 다음과 같이 말했다. "몸은 우리를 말해 주는 언어와 같은 기능을 한다. 우리가 사용하는 말의 언어라기보다는 가장 깊은 곳에 숨겨진 가장 진실한 것인 동시에 의식적으로는 가장 통제되지 않고 통제할 수 없는 것을 드러내는 자연의 언어를 말한다." 때로는 그 사람의 손을 보면 육체노동을 하는지 않는지를 알 수 있는 것처럼 말이다.

내가 내 키, 피부색, 성별을 스스로 정할 수 없는 것처럼 겉으로는 자연적으로 주어진 것처럼 보이지만 실제로 몸은 부르디외가 말한 것과 같이 "사회적 산물"이다. 인간의 몸은 그가 속한 사회적 계층이나 직업 환경의 특정하고 식별 가능한 특징과 마찬가지로 노동 조건, 사회적 '아비투스Habitus'에 의해 빚어진다. 사회학에서 아비투스란 한 개인이 그가 속한 사회 속에서 존재하는 방식, 태도(몸가짐, 의복, 외모)뿐 아니라 사고방식과 표현체계를 모두 가리키는 개념이다. 이처럼 우리가 취하는 자세, 자신을 표현하는 방식, 좋아하고 싫어하는 것까지 모든 것은 '자연적'으로 얻어지거나 '개

인적'인 것이 아니다. 우리가 속한 사회가 우리의 몸에 부여하는 특정한 습성인 '문화적 본질'을 제외하고 말이다.

결국 내 몸은 내 것이기도 하지만 유년 시절 친구나 직장 동료의 것이기도 하다. 내 몸은 이들과 함께 특정한 환경에 맞게 존재하는 방식을 공유한다. 이 방식은 무언의 식별 코드처럼 기능하거나 반대로 낙인처럼 파악되기도 한다. 같은 언어를 공유하더라도 사회적 출신이나 직업에 따라 사용하는 어휘, 언어의 수준, 억양이 다른 것처럼 자기 자신을 표현하는 방식은 특권층이나 빈곤층, 서민층이나 중산층 등과 같이 어떤 환경에서 자랐는지에 따라 달라진다. 내가 행동하는 방식과 타인에게 말하는 방식을 비롯해 소극적이거나 여유로운 태도도 오로지 내 본성이나 내재한 특성에서 기인한 것만은 아니다. 신체적 특성은 사회적 분류체계 내에서 인식된다. 예를 들면 오늘날의 비만은 주기적으로 몸을 '관리'할 여유가 없어서 '정크푸드'의 희생양이 되는 빈곤층의 특성으로 여겨지곤 한다. 또한 정신적 가치나 특징을 외면과 결부하기도 하는데, 몸무게를 관리하는 것을 삶 전체를 관리하는 것으로 인식하는 것이 여기에 해당한다. 여기에 일종의 폭력성이 존재하지 않는다고 볼 수 없다. 한 개인이 더는 그의 능력이나 행동에 따라 평가되지 않고, 낮게 평가된 몸에 따라 판단되고 있으니 말이다.

내 몸은 왜 이렇게 내 마음에 들지 않을까?

내 몸은 어디까지 내 것일까? 그리고 어디까지 나는 내 몸을 인식하고, 식별할 수 있다고 말할 수 있을까? 내 몸이 내게 고통을 주는 근원이자 짐짝처럼 느껴지고, 내 몸이 나를 소외시키고, 거부감을 불러일으키고, 타인 혹은 일이나 사랑과의 관계에 걸림돌이 된다면 어떤 일이 벌어질까? 내 몸이 겉모습, 피부색, 젠더에 의해 따

돌림이나 폭력의 원인이 된다면 말이다.

영화감독 데이비드 린치David Lynch의 영화 〈엘리펀트 맨〉은 실존 인물인 존 메릭John Merrick의 이야기에서 영감을 받아 만들어졌다고 한다. 존은 신체가 심각하게 변형된 인물로 '엘리펀트-맨'이라는 이름으로 서커스단의 구경거리가 되었다고 한다. 그는 희소병에 걸려 몸과 얼굴이 너무도 끔찍하게 변형된 탓에 사람처럼 보이지 않을 정도였다. 이 영화는 '괴물처럼' 변한 인체가 타인과 관계 맺는 것을 얼마나 어렵게 만들고, 한 인간이 인간으로서 인식되지 못하게 하는지 잘 보여주고 있다.

그러나 이런 극단적인 경우가 아니더라도 '표준'에 속하지 않는 것만으로도 우리는 얼마든지 소외감을 느낄 수 있다. 때때로 비만, 노화 혹은 장애도 이처럼 "마음에 들지 않는" 느낌을 갖게 한다. 독일 철학자 위르겐 하버마스Jürgen Habermas는 유년 시절 그가 받았던 놀림(그는 구순구개열을 가지고 태어났다)이 어쩌면 그가 타인과의 관계와 소통, 사회적인 삶의 상호작용에 대해 성찰하게 된 계기일지도 모른다고 말했다.

때로는 우리의 몸이 삶의 아주 이른 순간부터 우리를 소외시키기도 한다. 인종차별을 비롯한 다양한 차별적 태도는 인간을 그의 몸을 구성하는 하나의 구성 요소로 축소하는 '본질주의'적 논리에 속한다. 이는 피부색과 성별이 마치 지적 혹은 도덕적 결함, 무능력, 결점이나 '타고난' 취약성보다 더 중요하게 여기는 논리를 말한다.

내 몸이 내 것이 아니라면 누구의 것일까?

예를 들어 이성애를 표준으로 여기는 사회에서 내가 동성애자일 때와 같이, 만약 내 몸이 겉모습이나 삶의 방식과 일치하지 않을 경우 내 몸에 낙인이 찍힐 수 있다. 우리의 몸은 사회 · 종교 · 정치적 규범이 강제적이고 폭력적으로 작용하는 대표적인 대상이다. 이러한 규범에 '길들여지고' 이상적으로 '순종적'이라는 의미에서 우리의 몸은 부분적으로 만들어진 것으로 볼 수 있다. 푸코는 그의 저서 《감시와 처벌》에서 이렇게 말했다. "몸은 정치적 영역에 속한다. 권력 관계가 즉각 몸에 작용하고, 지배하고, 흔적을 새기고, 길들이고, 고통을 주고, 노동을 강요한다..."

과거 노예에게 가해졌던 체벌에서 시작해 오늘날 학생들

“마음은 병들어도 몸은 치유될 수 있을까?”

피에르 코르네유

Pierre Corneille

의 기력을 억제해 앉은 자세를 '착하게' 유지하도록 훈육하는 것까지, 주체성을 빼앗긴 몸의 역사는 길다. 이탈리아 철학자 조르조 아감벤Giorgio Agamben에 따르면, 고대 그리스에서 노예의 몸은 노예를 통해 자신의 의사를 실현하려는 주인 몸의 연장(延長)으로 여겨졌다고 한다. 이렇듯 노예는 자기 자신의 몸을 소유하지 못했고, 외부의 의사(주인의 것)에 복종해야만 했다. 그런가 하면 하인, 여성 또는 아이들의 몸은 오랫동안(그리고 지금까지도) 타인이 '짓밟는' 대상이 되어왔다. 마치 누군가의 재산이나 도구, 혹은 전리품이라도 되는 듯이 이들은 강제 노동이나 성폭력과 같은 지속적인 폭력의 대상이 되고 있다.

그리고 보다 눈에 띄지 않지만 더욱 현실적으로 타인의 몸을 짓밟고, 조종하고, 상징적인 의미에서 '빼앗는' 방법들도 존재한다. 그것은 바로 타인의 몸에 규범이나 규칙을 강요하고, 공공장소에서 특정한 방식에 따라 몸을 내보이거나 숨기도록 강요하면서 그것을 표준으로 삼는 것이다. 특히나 여성의 몸이 이러한 도덕적 · 종교적 금기나 고정관념에 따라야 하는 대상으로 여겨진다. 프랑스 소설가 브리지트 지로Brigitte Giraud의 작품 《몸을 가진다는 것Avoir un corps》은 한 여성이 자신의 몸에 관해 겪은 이상한 경험을 그리고 있다.

브리지트의 작품 속에 등장하는 소녀는 자신이 더 '여성스러운' 태도를 취해야 한다는 것을 알게 된다. 더 이상 나무를 타고 올라가선 안 되고, 다리를 오므리고, 몸의 어떤 부분은 절대 드러내선 안 된다. 브리지트 지로는 소녀가 이러한 가르침에 대해 어떤 요령을 취하는지, 또 어떤 자유 의지를 가지고 있는지 보여준다. 이처럼 여성이나 남성에 대한 사회의 고정관념 속에는 어딘가 모르게 우스꽝스러운 구석이 존재한다. 미국 철학자 주디스 버틀러Judith Butler의 주장대로 성 소수자들을 뜻하는 LGBT(레즈비언, 게이, 바이섹슈얼, 트랜스젠더)와 같이 사회가 정한 틀 안에 속하지 않고, 젠더라는 '패러디적 정체성'에 들어맞지 않는 사람들이 매일 폭력의 대상이 되고 있다는 사실을 잊어서는 안 된다. 오늘날 이처럼 젠더로 구분된 몸에 관한 '교육'에 대해 서구 사회에서 비판의 목소리가 높아지고 있지만 여성에게 가해지는 억압은 여전하다. 남성은 여성의 몸을 수단 삼아 여성에게 베일을 씌우고, 공적인 영역에서 여성을 배제하고, 폭력을 행사하고, 강간하거나 염산을 끼얹어 얼굴을 다치게 하는 등 여성에 대한 지배력을 행사하고 있다. 여성뿐만이 아니다. 동성애자와 트랜스젠더의 몸 역시 수많은 폭력의 대상이 되고 있다.

내 몸을 다시 내 것으로 만들려면?

몇몇 여성들이 자신의 몸을 정치적 논쟁의 도구로 활용하는 이유는 바로 공격당하고 모욕당한 여성 몸의 역사에 대응하기 위한 것이다. 여성에게 몸을 가릴 것을 요구하는 사람들에게 대응하기 위해 나체를 전시하거나, 최근 이란 여성들의 행보와 같이 처벌도 불사하며 항의의 표시로 베일을 벗어던지거나 혹은 철학자 엘자 도를랭Elsa Dorlin이 제안한 것처럼 여성이 살면서 겪을 수도 있는 폭력에 맞서 신체적으로 자기 자신을 지키는 방법을 배우는 것이 대표적인 예다. 엘자 도를랭은 이것이 여성에 대한 폭력에 대항하는 새로운 몸의 사용법이라고 말했다.

여성의 몸은 각자가 자신의 욕구나 필요를 채우기 위해 자유롭게 사용할 수 있는 대상이 아니라 그 여성 본인의 것이다. 그렇기에 합의된 성에 관한 법과 임신에 관련한 자기 결정권(피임 및 낙태에 관한 권리)에 관한 법의 제정을 통해 법이 자신의 몸에 대한 여성의 자유를 보장할 필요가 있다. 고대 그리스의 견유학파(키니코스학파, Cynique)도 몸을 사회·정치적 저항의 수단으로 사용했었다. 그 이름의 유래(Cynique라는 단어는 개를 뜻하는 그리스어 kunos에서 유래했다)와 같이 '개'처럼 산다는 것은 매우 겸허하게 옷을 입고 자유로운 성생활을 즐김으로써 겉모습에 관련한 사회의 위선과 도덕적 불관용을 실천적으로 비판하는 것을 의미한다. 몸을 내 의지와 욕구의 도구로 삼아 내가 원하는 것과 다른 방식으로 옷을 입고 행동하도록 강요하는 사회의 술수를 규탄하고, 그것이 내 몸에 끼치는 영향력에 대해 항의하는 것이다. 이러한 견유학파의 방식은 오늘날까지도 유효하다.

내 몸을
변형할 수도 있을까?

최근 수년 동안 인간의 몸은 새로운 실험과 기술적 환상의 대상이 되고 있다. 어떤 이들은 기술을 사용해 몸을 완전히 변형하기를 바란다. 이를테면 생명공학 인공 보철구를 이용해 몸의 능력을 강화한다거나 세포 재생을 통해 거의 영원한 젊음을 부여하는 것이다. 이것이 사상가와 과학자들을 하나로 모으는 트랜스 휴머니즘 사조가 우리에게 약속하는 것이다. 우리는 조금의 결함도 없이 완벽하고 튼튼한 몸을 꿈꾼다. 이미 우리는 화면 속 자기 자신의 몸과 얼굴을 기술을 사용해 수정하고 있고, 그 정도

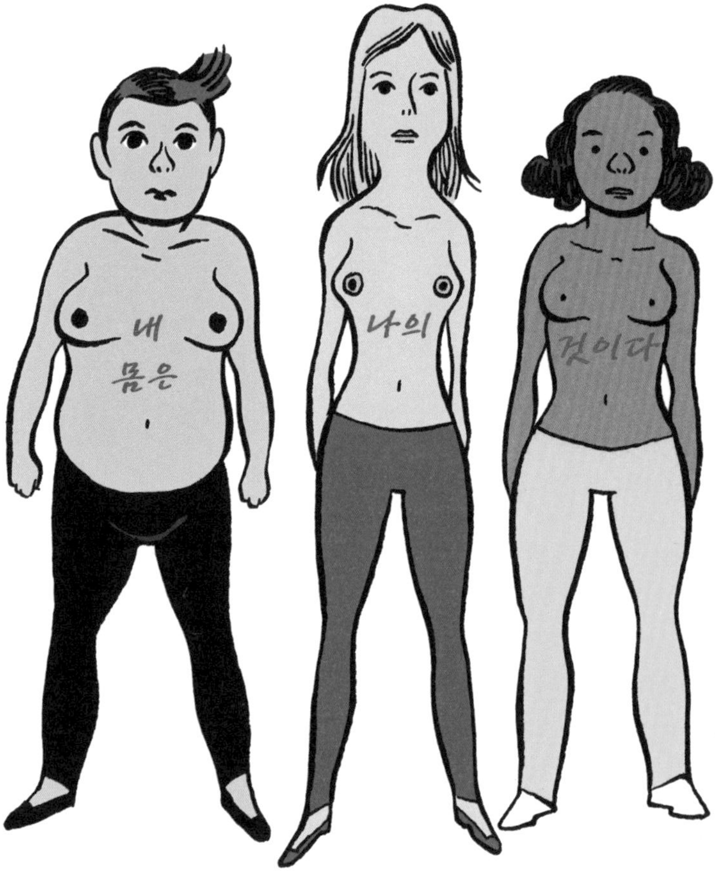
내
몸은
나의
것이다

가 지나친 나머지 자신의 진정한 모습을 받아들이지 못하게 되었다. 수정을 거친 사진 속 모습과 실제가 달라 고통을 토로하며 병원을 찾는 환자들이 실제로 많다고 한다. 새로운 미의 기준에 따라 포토샵으로 수정된 이미지는 이렇게 새로운 정신적 질병을 만들어내고 있다. 우리는 자신의 몸을 개성 있게 만들고, 감동적이고 지각할 수 있게 만들어 주는 것들에게서 벗어난 기술 과다의 가상현실 세계를 꿈꾼다. 이는 윤리적인 문제를 낳기도 한다. 소설가 피에르 뒤크로제 Pierre Ducrozet는 소설 《몸의 발명 L'Invention des corps》에서 난민에게서 추출한 장기의 매매와 불법 장기 이식을 통한 지하경제와 같은 트랜스 휴머니스트적 실험의 어두운 이면을 다루고 있다. 가난한 자들에게서 몸을 빼앗아 부유한 자들을 고치는 데 쓰는 것일까? 여기서도 재산이라고는 몸밖에 가진 게 없는 이들을 보호하고 오래된 상품화 논리로부터 이들을 지키기 위해서는 법이 반드시 필요하다. 우리의 몸에 힘을 행사하려는 권력에 대항해 우리는 모두 조금의 망설임이나 걱정 없이 '내 몸은 내 것'이라고 말할 수 있어야 한다.

"신체가 무엇을 할 수 있는지는 아무도 모른다."
스피노자
Spinoza